baba - 學校	2
baba - 旅行	5
dadadada - 交通運送	8
dadaba - 城市	10
dada - 地形	14
nom nom! - 餐館	17
dada nom nom - 超市	20
dadababa - 飲料	22
nom nom! - 食物	23
dadaba - 農場	27
dadaba - 房子	31
dadadada - 客廳	33
bababa - 廚房	35
bababa - 浴室	38
meina - 兒童房	42
baba - 衣服	44
baba - 辦公室	49
badada - 經濟	51
ba - 職業	53
dada - 工具	56
bababa - 樂器	57
bababa - 動物園	59
ba - 體育	62
dadadada - 活動	63
dadababa - 家	67
dadababa - 身體	68
aua! - 醫院	72
aua! - 緊急情形	76
dada - 地球	77
dada - 鐘錶	79
babadada - 週	80
dadaba - 年	81
dadababa - 形狀	83
dadababa - 顏色	84
dadadada - 反義詞	85
dadaba - 數字	88
dadadada - 語言	90
da / da / da - 誰/什麼/如何	91
babababa - 方位	92

Impressum
Verlag: BABADADA GmbH, Nedderfeld 112 , 22529 Hamburg
Geschäftsführer / Verlagsleitung: Harald Hof
Druck: Books on Demand GmbH, In de Tarpen 42, 22848 Norderstedt

Imprint
Publisher: BABADADA GmbH, Nedderfeld 112 , 22529 Hamburg, Germany
Managing Director / Publishing direction: Harald Hof
Print: Books on Demand GmbH, In de Tarpen 42, 22848 Norderstedt

dadadada
除

186/2

babadada
黑板

ba
教室

bababa
校園

dada
老師

dadadada
紙

dadaba
書寫

dadaba
筆

ba
辦公桌

baba
直尺

dadaba
書

bababa
學生

dadaba

書包

dada

鉛筆盒

bababa

鉛筆

dadaba

削鉛筆機

baba

橡皮擦

ba

畫板

bababa

圖畫

ba

畫筆

dada

顏料盒

babadada

剪刀

dadaba

膠水

dadadada

練習冊

babadada

家庭作業

12

bababa

數字

2+2

dadaba

加

5-2

bababa

減

2×2

badada

乘

dadababa

計算

A

babababa

字母

ABCDEFG
HIJKLMN
OPQRSTU
VWXYZ

babababa

字母表

dada

字

babadada

課文

dadadada

讀

dada

粉筆

babababa

上課

ba

登記

baba

考試

babababa

證書

babadada

校服

babababa

教育

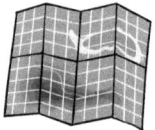

dadababa

百科全書

babababa

大學

dadababa

顯微鏡

bababa

地圖

babadada

廢紙簍

babadada
飯店

dadaba
青年旅社

dadadada
外幣兌換處

dada
手提箱

ado
汽車

dadadada

語言

da / meh

是/否

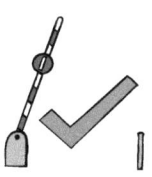

Oh

好的

ba

您好

dada

翻譯人員

dada

謝謝

babababa

......多少錢？

ah

我不明白

dadaba

問題

ba dada

晚上好！

babadada

早上好！

heia!

晚安！

dadaba

再見

badada

方向

dada

行李

babababa

包

babababa

背包

baba

客人

dadadada

房間

dadadada

睡袋

dada

帳篷

dadadada

旅行資訊

badada

海灘

babadada

信用卡

dadababa

早餐

baba

午餐

bababa

晚餐

dada

票

dada

電梯

babadada

郵票

badada

邊界

dadaba

海關

babadada

大使館

dadaba

簽證

dada da da da

護照

dadadada
交通運送

baba
飛機

dada
船

baba
消防車

bababababa
公車

babababa
卡車

dada
汽艇

ado
汽車

dadadada
腳踏車

babadada

渡輪

baba

小船

bababa

機車

ado

警車

ado

賽車

auto

租車

dada

拼車

ado

拖車

ado

垃圾車

brumbrum!

馬達

bababa

汽油

dada

加油站

dadaba

交通標識

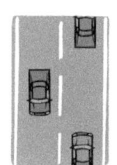

badada

交通

ado ado

交通堵塞

babadada

停車場

babababa

火車站

dada

軌道

dadaba

火車

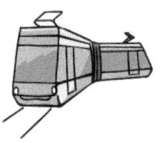

baba

路面電車

dadaba

客車廂

baba

直升機

baba

機場

dadaba

塔

baba

乘客

badada

集裝箱

dada

紙板箱

baba

手推車

dadadada

籃子

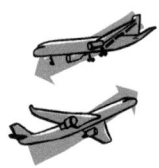

da / bada

起飛/降落

dadaba

城市

bababa

村莊

dadababa

市中心

dadaba

房子

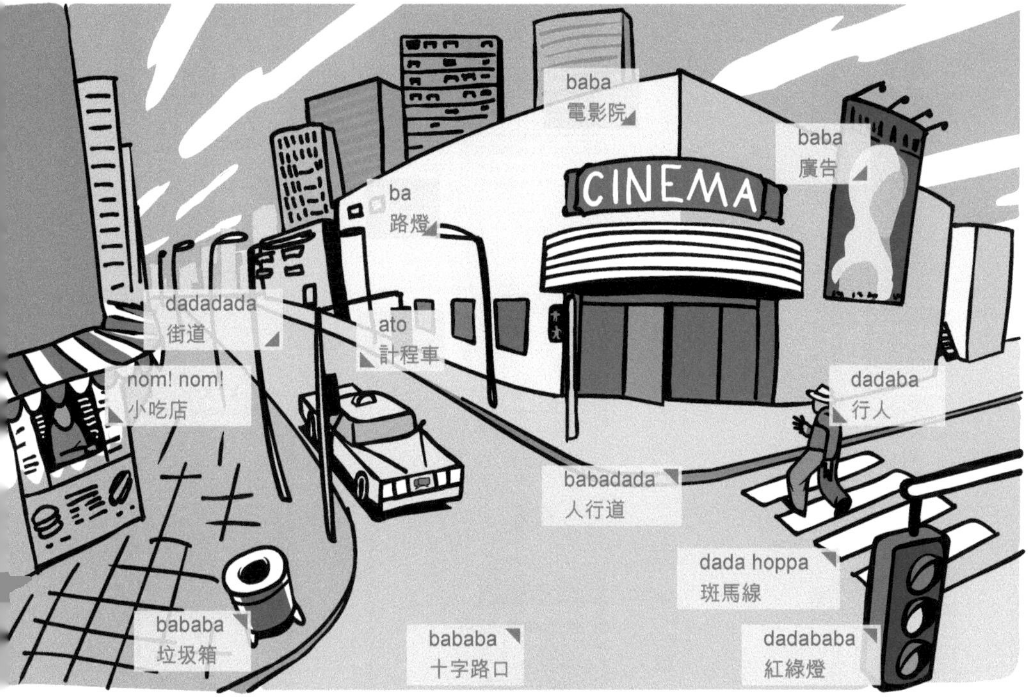
CINEMA
baba
電影院
baba
廣告
ba
路燈
dadadada
街道
ato
計程車
nom! nom!
小吃店
dadaba
行人
babadada
人行道
dada hoppa
斑馬線
bababa
垃圾箱
bababa
十字路口
dadababa
紅綠燈

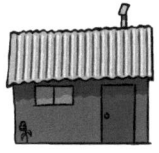

babadada
小屋

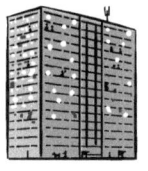

dadadada
公寓

babababa
火車站

dadaba
市政廳

MUSEUM

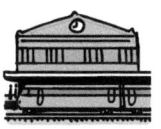

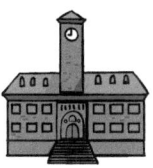

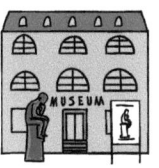

bababa
博物館

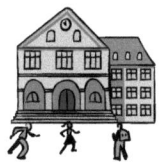

baba
學校

bababababa

大學

dadadada

銀行

aua!

醫院

babadada

飯店

aua!

藥房

baba

辦公室

bababa

書店

ba

商店

dadaba

花店

dada nom nom

超市

dadadada

市場

dadadada

百貨商店

nom! nom!

魚店

baba

購物中心

ba

海港

dadadada

公園

baba

長凳

babababa

橋

dadadada

樓梯

bababa

捷運

baba

隧道

ba

公車站

babababa

酒吧

nom nom!

餐館

dadaba

郵筒

dada

路標

baba

停車計時器

bababa

動物園

dada

游泳池

baba

清真寺

dadaba

農場

dadababa

污染

bababa

墓地

ba

教堂

dadababa

操場

bababa

寺廟

dada

地形

baba
樹葉

baba
指示牌

dada
路

bababa
草地

baba
石頭

dadababa
樹

dada
徒步旅行者

bababa
河

dada
草

mama!
花

badada

峽谷

bababa

丘陵

dadadada

湖

dadadada

森林

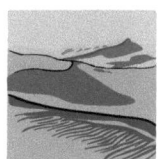

dadababa

沙漠

dadaba

火山

babababa

城堡

dadaba

彩虹

bababa

蘑菇

dadababa

棕櫚樹

aua!

蚊子

badada

蒼蠅

dadababa

螞蟻

summ summ

蜜蜂

dada

蜘蛛

dadaba

甲蟲

quak

青蛙

dadababa

松鼠

dadaba

刺蝟

baba

野兔

gackgack

貓頭鷹

gackgack

鳥

gackgack

天鵝

babadada

野豬

dadadada

鹿

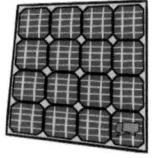

dadadada

麋鹿

dadadada

水壩

ba

風力發電機

dadadada

太陽能電池板

bababa

氣候

dadadada
▶ 服務生

baba
▶ 菜譜

dadaba
▶ 椅子

nom! nom!
▶ 湯

nom nom!
披薩餅

bababababa
桌布

ba
▶ 餐具

nom! nom!
....
前菜

nom! nom!
....
主菜

nom nom!
....
甜點

dadababa
....
飲料

nom nom!
....
食物

nom nom!
....
瓶子

nom! nom!

速食

nom! nom!

街邊小吃

babababa

茶壺

nom! nom!

糖盒

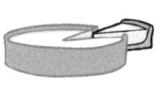

nom nom!

一份飯菜

dadaba

義式咖啡機

bababa

高腳椅

ba

帳單

bababa

托盤

ba

刀

babadada

餐叉

dadaba

勺子

bababa

茶匙

dadaba

餐巾

ba

玻璃杯

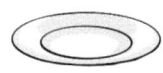

nom nom!

碟子

bababa

湯盤

bababa

碟子

nom! nom!

醬

dadadada

鹽瓶

dadaba

胡椒研磨罐

bähbäh

醋

dadababa

食用油

dadababa

調味料

nom! nom!

番茄醬

nom! nom!

芥末

nom nom!

美乃滋

dadababa
特價

dadaba
顧客

dadaba
乳製品

nom nom!
水果

baba
購物車

dadaba

肉鋪

nom! nom!

麵包店

bababa

稱重

bähbäh

蔬菜

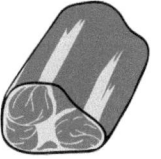

nom nom!

肉

nomnom

冷凍食品

nom nom!

冷盤

nomnom

罐頭食品

bababa

洗衣粉

baba

甜食

dadaba

日用品

dadababa

清潔用品

bababa

銷售員

bababa

收銀機

dadaba

收銀員

dada

購物清單

dadababa

開放時間

baba

錢包

babadada

信用卡

dadababa

袋子

dadababa

塑膠袋

飲料

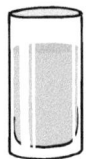

wasa

水

dadadada

果汁

badada

牛奶

ba

可樂

bababa

紅酒

dadadada

啤酒

dadaba

酒

bababa

可可

dadababa

茶

dada

咖啡

dadaba

義式濃縮咖啡

dadababa

卡布奇諾

nane

香蕉

nom nom!

蘋果

bababa

柳丁

nom nom!

西瓜

nom nom!

檸檬

bähbäh

胡蘿蔔

bada meh

大蒜

dadaba

竹子

dadaba

洋蔥

nom nom!

蘑菇

nom nom!

堅果

nom nom!

麵條

nom nom!

義大利麵

nom nom!

米飯

nom nom!

沙拉

nom nom!

薯條

nom nom!

炸馬鈴薯

nom nom!

披薩餅

nom nom!

漢堡

nom nom!

三明治

nom nom!

炸豬排

nom nom!

火腿

nom nom!

義大利臘腸

nom nom!

香腸

gack gack

雞肉

nom nom!

烤肉

nom nom!

魚

nom nom!

燕麥片

bähbäh

木斯里

nom nom!

玉米片

nom nom!

麵粉

nom nom!

牛角麵包

babadada

麵包捲

nom! nom!

麵包

nom nom!

吐司

nom nom!

餅乾

nom nom!

奶油

nom nom!

凝乳

nom nom

蛋糕

dadaba

蛋

nom nom!

煎蛋

bada muh

起司

nom nom!

冰淇淋

nom nom!

糖

baba summ

蜂蜜

nom nom!

果醬

nom nom!

巧克力醬

babadada

咖哩

ba
農舍

dada
稻草捆

dadaba
糧倉

bababa
田野

hoppa
馬

dada
拖車

dadaba
馬駒

bababa
拖拉機

jaa
驢

mää
羊

bebi mää
羔羊

baba

山羊

muh

奶牛

mimuh

小牛

mama oink

豬

oink

小豬

dadadada

公牛

gackgack

鵝

gackquack

鴨

gacki

小雞

gackgack

母雞

gacko

公雞

dada

鼠

mau

貓

bababa

老鼠

muh

牛

wauwau

狗

wauwau

狗屋

baba

花園澆水軟管

dadababa

澆水壺

baba

長柄大鐮刀

dadababa

犁

baba
鐮刀

dadadada
鋤頭

dada
長柄草耙

bababa
斧頭

babababa
獨輪手推車

baba
飼料槽

dada muh
牛奶罐

dadababa
麻布袋

badada
柵欄

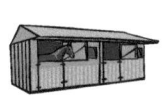
dadadada
馬廄

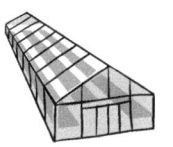
ba
溫室

babadada
土壤

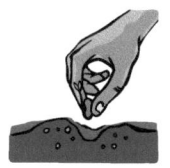
baba
種子

baba
肥料

dadababa
聯合收割機

bababa

收割

dadadada

收割

dadaba

地瓜

dadababa

小麥

dadababa

大豆

bababa

土豆

badada

玉米

bababa

油菜籽

bababa

果樹

dadadada

樹薯

dadababa

穀物

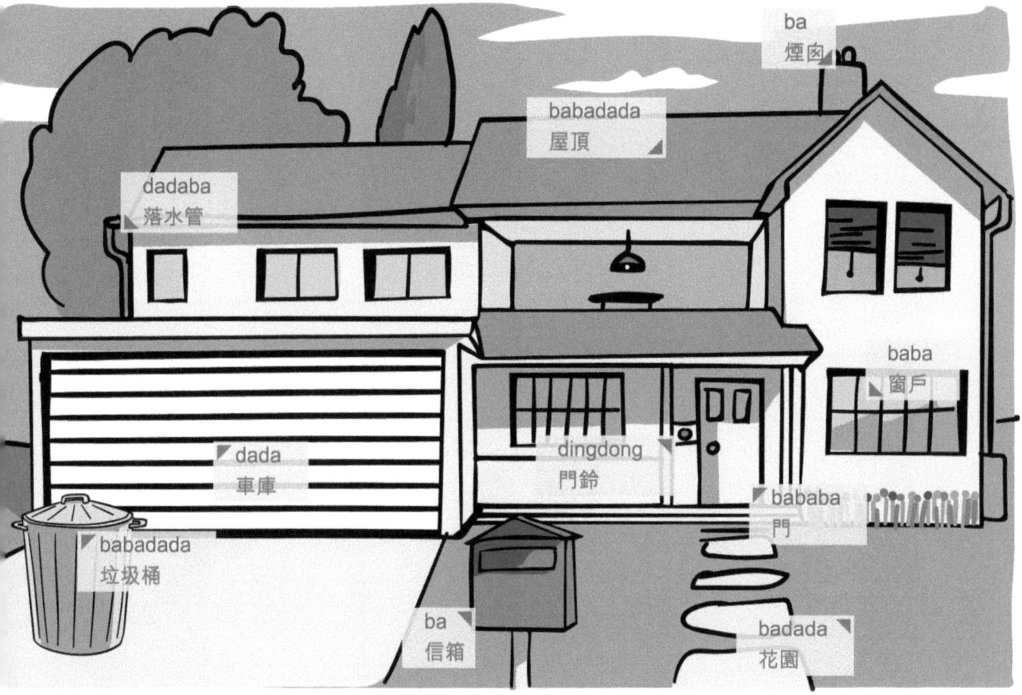

ba
煙囪

babadada
屋頂

dadaba
落水管

baba
窗戶

dada
車庫

dingdong
門鈴

bababa
門

babadada
垃圾桶

ba
信箱

badada
花園

dadadada

客廳

bababa

浴室

bababa

廚房

dadababa

臥室

meina

兒童房

dadaba

餐廳

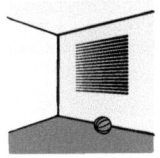

badada

地板

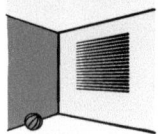

dadababa

牆壁

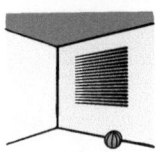

bababa

天花板

dada

地窖

dadababa

三溫暖

babababa

陽臺

dadadada

露臺

bababa

游泳池

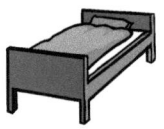

baba

割草機

dadaba

被單

babadada

床罩

heia!

床

dada

掃帚

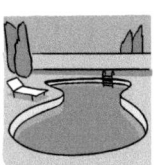

dadaba

水桶

dadababa

開關

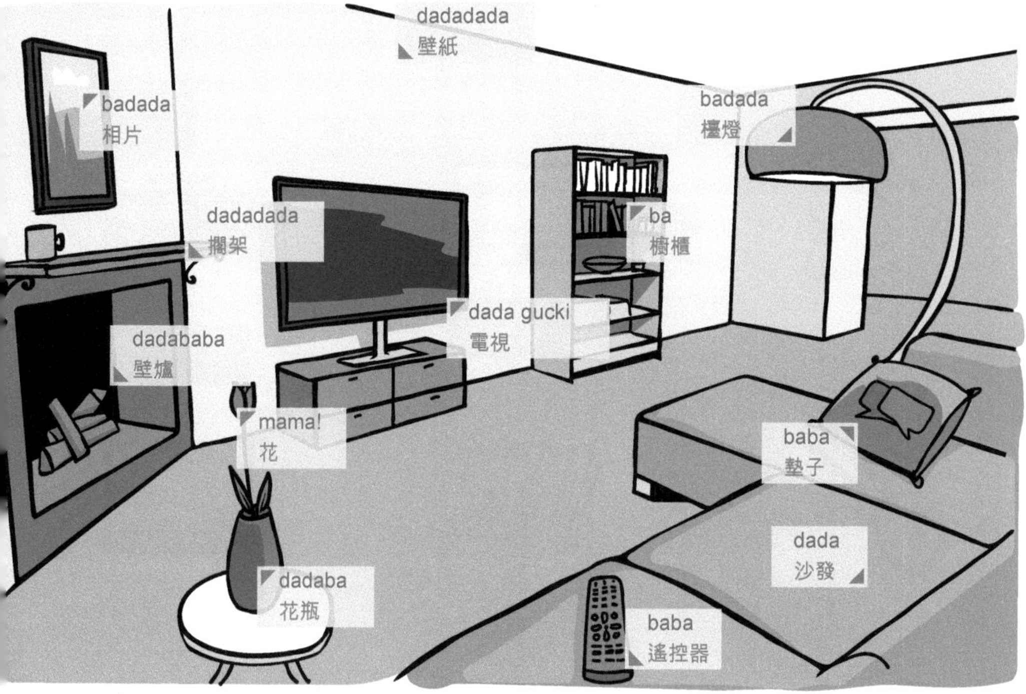

dadadada
壁紙

badada
相片

badada
檯燈

dadadada
擱架

ba
櫥櫃

dada gucki
電視

dadababa
壁爐

mama!
花

baba
墊子

dada
沙發

dadaba
花瓶

baba
遙控器

dada
地毯

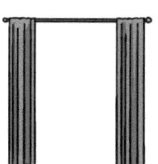

bababa
窗簾

ba
餐桌

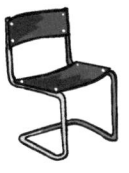

dadaba
椅子

dadadada
搖椅

bababa
扶手椅

dadaba

書

dadadada

毯子

dadaba

裝飾品

ba

木柴

dadadada

電影

lala

高傳真音響

babadada

鑰匙

dadadada

報紙

dadadada

油畫

bababa

海報

lala

收音機

dadababa

筆記本

babadada

吸塵器

aua!

仙人掌

babadada

蠟燭

bababa
冰箱

ba
微波爐

ba
廚房秤

dadadada
洗潔精

badada
烤麵包機

baba
烤箱

baba
冰櫃

babadada
垃圾桶

bababa
洗碗機

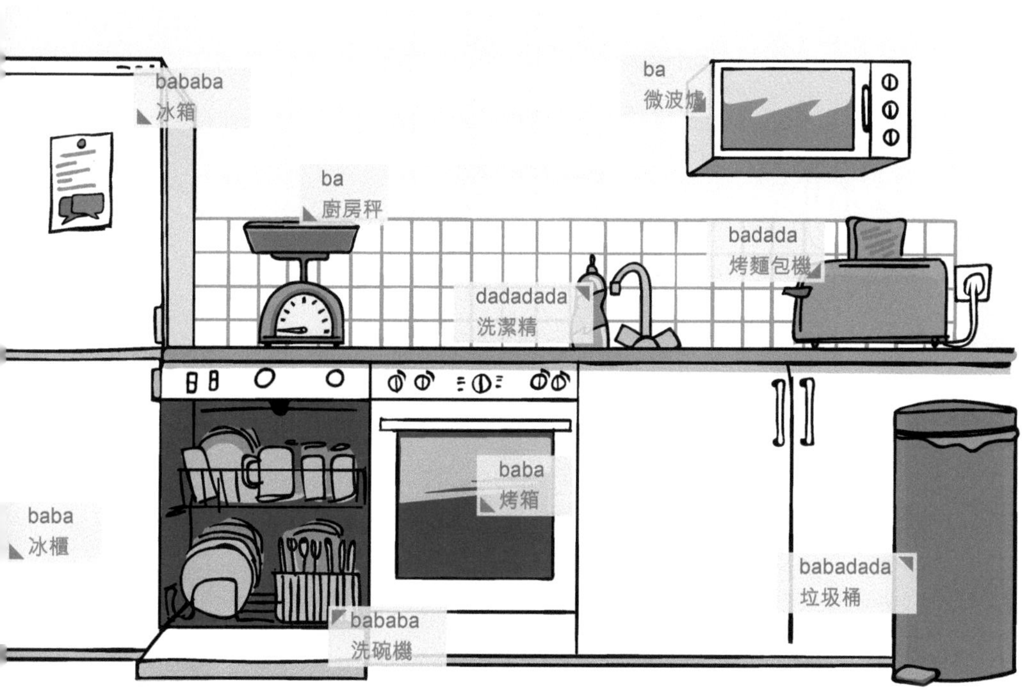

dada

炊具

dada

鍋

dada

鑄鐵鍋

baba / dada

炒鍋

badada

平底鍋

ba

水壺

dadababa

蒸鍋

bababa

烤盤

dadaba

陶瓷鍋

dadadada

馬克杯

dadaba

碗

baba

筷子

dadaba

長柄勺

dadadada

鏟子

badada

攪拌器

dada

濾網

bababa

篩子

baba

磨碎機

dadababa

研缽

dada

燒烤

aua!

明火

dadababa

菜板

babababa

擀麵杖

dadababa

開瓶器

dadadada

罐子

bababa

開罐器

dadababa

隔熱手套

dadadada

水槽

dadababa

刷子

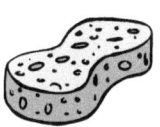

ba

海綿

aua!

攪拌機

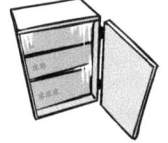

babadada

冷藏箱

bababa

奶瓶

dadadada

水龍頭

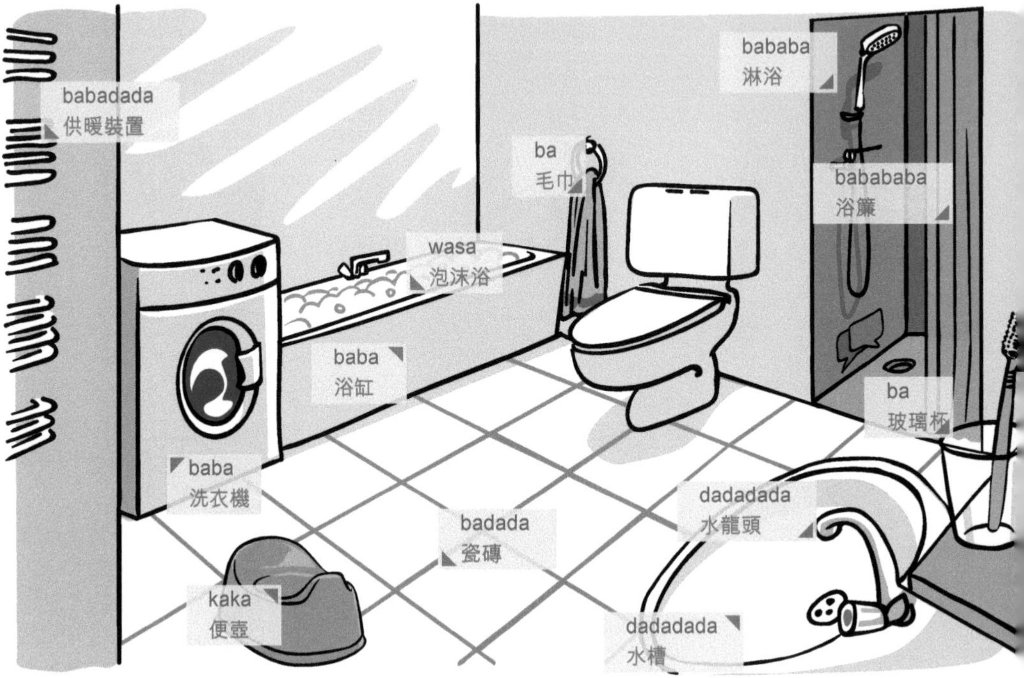

babadada
供暖裝置

bababa
淋浴

ba
毛巾

bababababa
浴簾

wasa
泡沫浴

baba
浴缸

ba
玻璃杯

baba
洗衣機

dadadada
水龍頭

badada
瓷磚

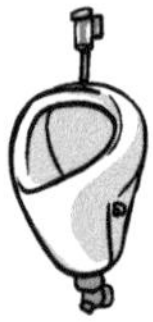

kaka
便壺

dadadada
水槽

kaka	ba	dadababa
廁所	蹲便器	坐浴器

dadababa	kaka	bababa
小便斗	廁紙	馬桶刷

bababa

牙刷

nom! nom!

牙膏

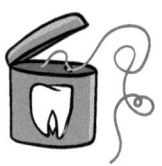

dadadada

牙線

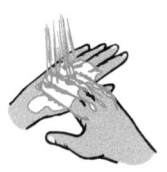

bababa

洗

babababa

手持式蓮蓬頭

dadadada

沖洗器

badada

洗臉盆

dadadada

洗背刷

nom! nom!

肥皂

nom! nom!

沐浴露

nom! nom!

洗髮乳

babadada

法蘭絨

dadaba

排水

nom! nom!

乳霜

babababa

除臭劑

dadadada

鏡子

dadadada

手鏡

ba

刮鬍刀

nom! nom!

刮鬍泡沫

nam! nam!

鬍後水

dadababa

梳子

baba

刷子

dadadada

吹風機

badada

噴髮定型劑

dadaba

化妝品

mama!

唇膏

ba

指甲油

bababa

化妝棉

dadadada

指甲剪

bababa

香水

dadadada

洗漱包

bababa

凳子

dadadada

計重秤

ba

浴袍

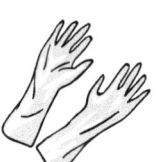

babababa

橡膠手套

ba

衛生棉條

bababa

衛生棉

baba

化學廁所

babababa
鬧鐘

bababa
毛絨玩具

auto
玩具車

bababa
玩具屋

babababa
禮物

dadadada
撥浪鼓

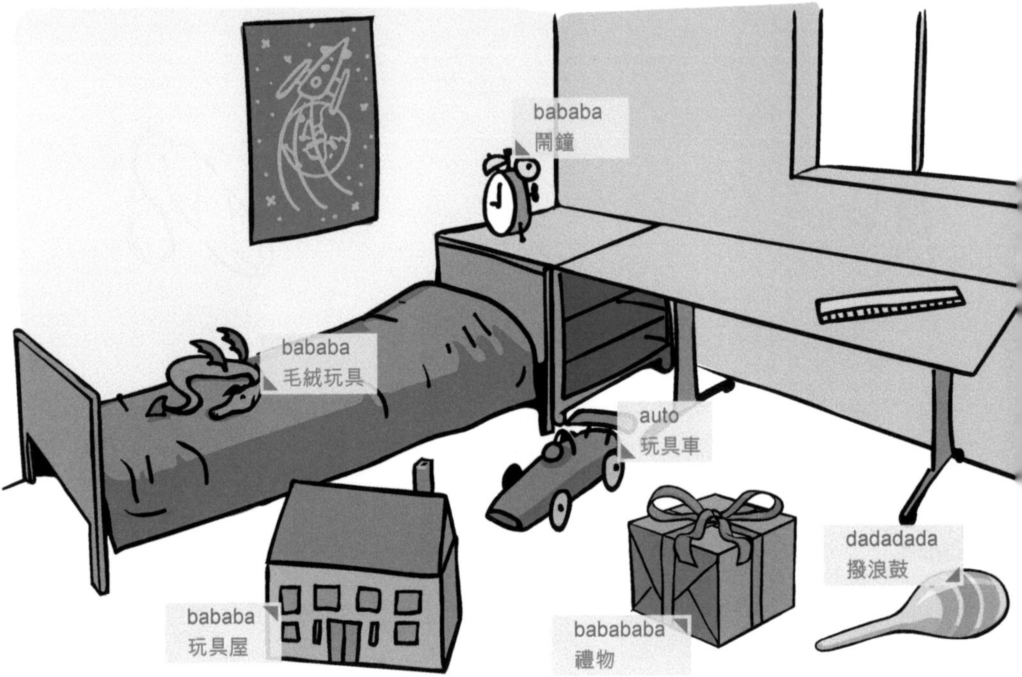

dadadada

氣球

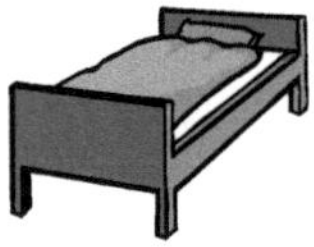

heia!

床

dadaba

嬰兒車

dadababa

撲克牌

bababa

拼圖

dadababa

漫畫

badada

樂高積木

badada

積木玩具

dada

公仔

dadadada

嬰兒服

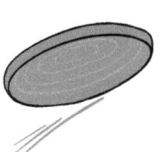

dadaba

飛盤

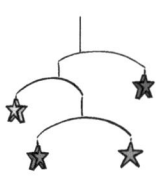

dadaba

床鈴玩具

ba

棋盤遊戲

baba

骰子

dadababa

火車模型

lula

安撫奶嘴

baba

派對

dadaba

繪本

dada

球

dada

洋娃娃

badada

玩

dadaba

沙坑

babababa

鞦韆

dadababa

玩具

dadaba

電玩遊戲

babadada

三輪車

dadababa

泰迪熊

dadaba

衣櫃

baba

衣服

dadadada

襪子

ba

長襪

dada

緊身褲

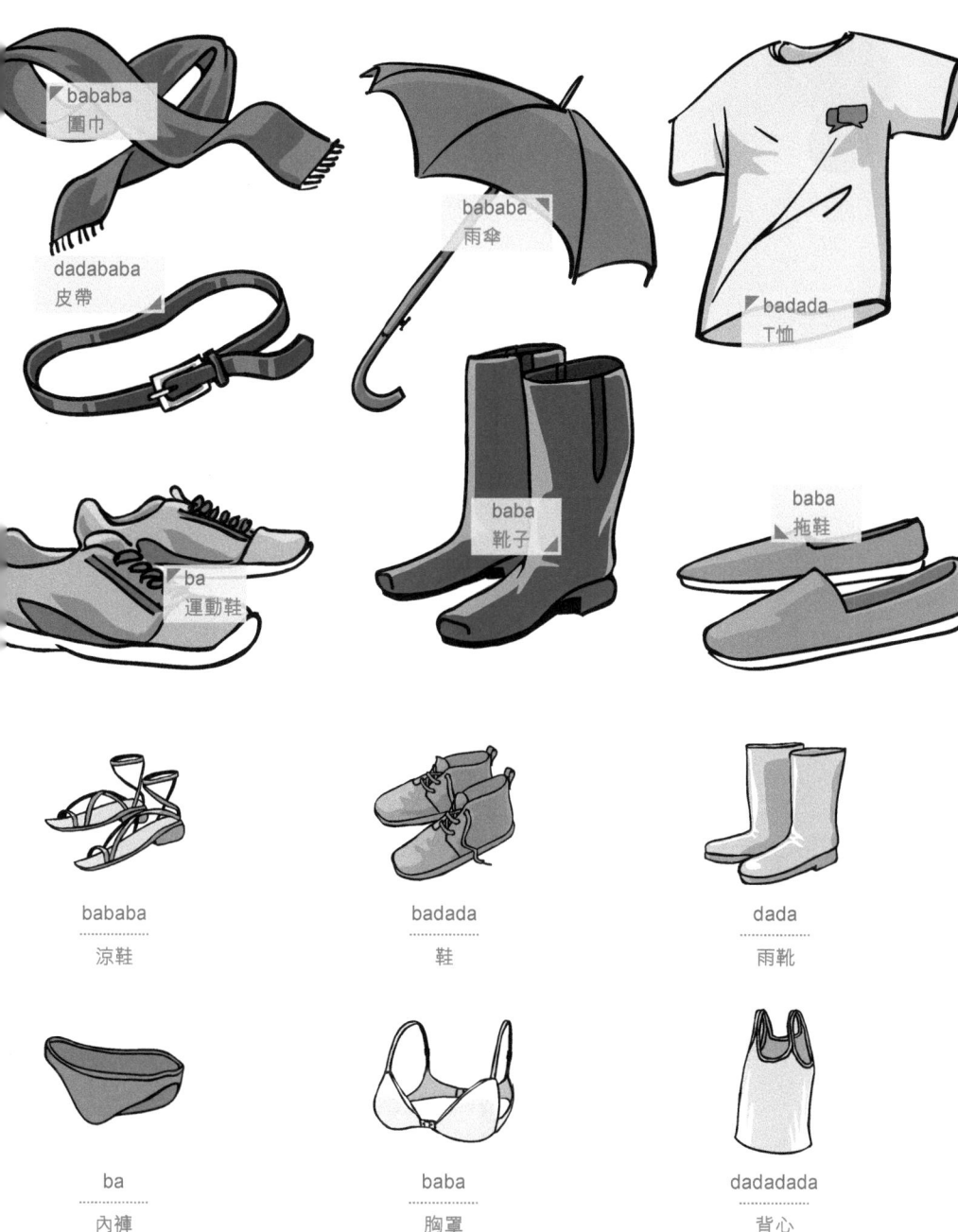

bababa
圍巾

bababa
雨傘

badada
T恤

dadababa
皮帶

baba
靴子

baba
拖鞋

ba
運動鞋

bababa	badada	dada
涼鞋	鞋	雨靴
ba	baba	dadadada
內褲	胸罩	背心

badada

身體

ba

褲子

bababa

牛仔褲

dada

短裙

bababa

女式襯衫

dadadada

襯衫

baba

套頭衫

baba

連帽上衣

babadada

西裝夾克

baba

夾克

bababa

外套

dadababa

雨衣

bababa

套裝

ba

連衣裙

dadaba

婚紗

dadadada

西裝

babababa

睡袍

heia

睡衣

baba

莎麗

dadadada

頭巾

dada

包頭巾

dada

波卡

baba

卡夫坦

dadadada

(阿拉伯式)長袍

wasa

泳衣

bababa

男式泳褲

dadababa

短褲

babababa

運動服

baba

圍裙

babababa

手套

baba - 衣服　　　　47

dadaba

鈕扣

babadada

眼鏡

dada

手鏈

dadababa

項鍊

bababa

戒指

dadababa

耳環

dada

便帽

babadada

衣架

dadababa

帽子

bababa

領帶

badada

拉鍊

dadaba

安全帽

dada

背帶

babadada

校服

babababa

制服

namnam
圍兜

lula
安撫奶嘴

kaka!
尿布

dadaba
伺服器

dadababa
檔案櫃

badada
印表機

dadadada
紙

dadadada
螢幕

ba
辦公桌

baba
滑鼠

dadaba
資料夾

dada
鍵盤

babadada
廢紙簍

bababa
椅子

dada
電腦

dada
咖啡杯

bababa
計算機

da da
網際網路

papa!

筆記型電腦

dadababa

信件

ba

簡訊

fon

行動電話

bababa

網路

ba

影印機

bababa

軟體

dada bing

電話

aua!

插座

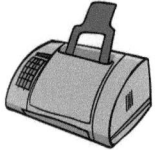

bababa

傳真機

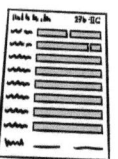

dadaba

表格

bababa

檔案

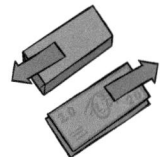

baba

買

dadadada

付錢

dadaba

交易

badada

現金

USD

babadada

美元

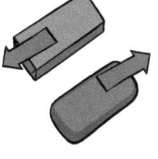EUR

dadaba

歐元

JPY

bababa

日元

RUB

ba

盧布

CHF

dada

瑞士法郎

CNY

dada

人民幣

INR

ba

盧比

ATM

ba

提款處

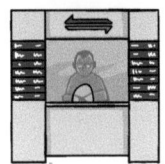

dadadada

外幣兌換處

dadadada

金

baba

銀

dadadada

石油

ba

能源

dadadada

價格

baba

合約

bababa

稅金

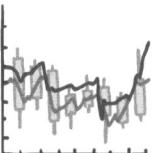

dadadada

股票

dadaba

工作

dadadada

職員

dadababa

老闆

dadaba

工廠

ba

商店

baba
警官

dada
消防員

babababa
廚師

aua!
醫師

bababa
飛行員

bababa

園丁

bababa

木匠

baba

裁縫

bababa

法官

dadaba

化學家

dadababa

演員

ba

公車司機

auto mann

計程車司機

bababa

漁夫

dadadada

清洗女工

dadadada

屋頂工

dadadada

服務生

badada

獵人

dadadada

畫家

dadababa

麵包師

papa!

電工

babababa

建築工人

bababa

工程師

dadababa

屠夫

dadadada

水管工

bababa

郵差

dadadada

士兵

ba

建築師

dadaba

收銀員

bababa

花農

babadada

理髮師

bababa

售票員

dadaba

機械技師

dada

船長

badada

牙醫

ba

科學家

bababa

拉比

dadaba

伊瑪目

dada

和尚

dadadada

牧師

baba
鐵錘

baba
鉗子

babababa
螺絲起子

dadababa
扳手

dadaba
手電筒

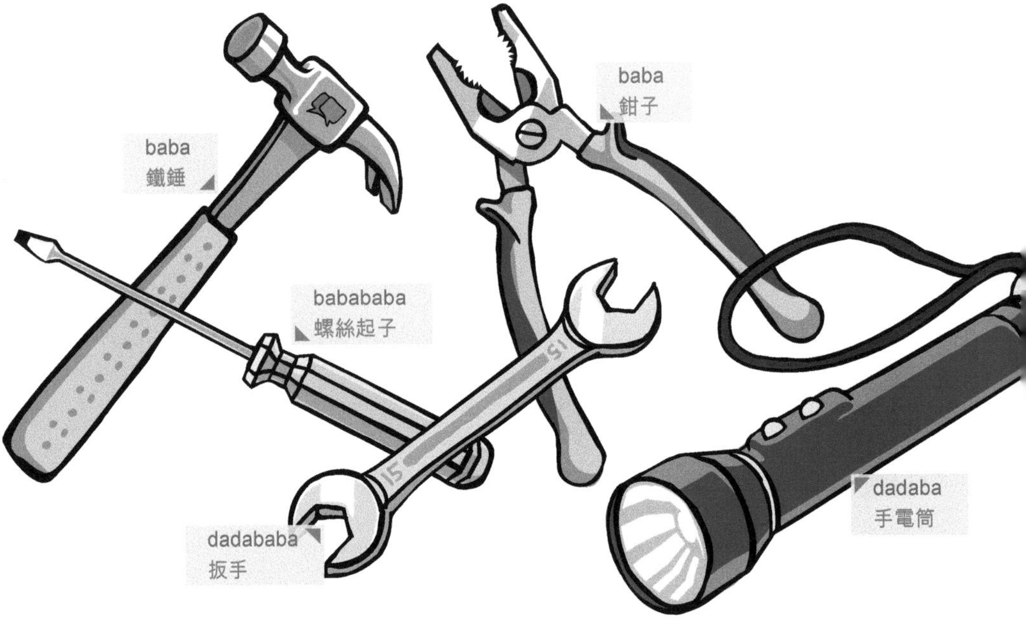

dadaba

挖掘機

baba

工具箱

babababa

梯子

dadaba

鋸子

babadada

釘子

dada

鑽機

dadababa

修

dada

鏟子

aua!

糟糕！

dada

畚箕

dadaba

油漆桶

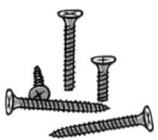

bababababa

螺絲

bababa
樂器

bungas
打擊樂器

boom boom
揚聲器

ba
吉他

dadababa
低音提琴

bombede
小號

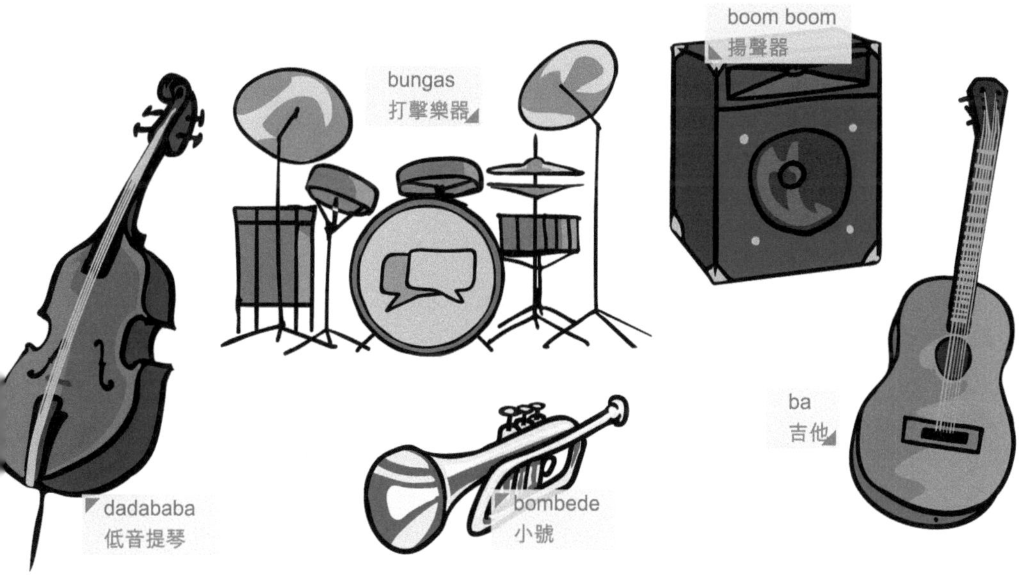

bingbing

鋼琴

bababa

小提琴

ba

貝斯

badada

定音鼓

bunga bunga

鼓

badada

電子琴

dadababa

薩克斯風

dadababa

長笛

dadadada

麥克風

dada mau
老虎

baba
▶入口

▶bababa
籠子

dadababa
斑馬

babadada ▶
動物飼料

dada ▶
熊貓

dadadada

動物

bababa

大象

dadaba

袋鼠

babadada

犀牛

dada

大猩猩

babab@ba

熊

dadaba

駱駝

gackgack

鴕鳥

babadada

獅子

dadaba

猴子

gackgack

紅鶴

bababa

鸚鵡

bababa

北極熊

dada

企鵝

bababa

鯊魚

dadaba

孔雀

badada

蛇

babababa

鱷魚

dadadada

動物園管理員

dada

海豹

bababa

美洲豹

ei!

矮種馬

dadadada

豹

dada

河馬

babababa

長頸鹿

bababa

老鷹

babadada

野豬

nom nom!

魚

dadadada

龜

anje

海象

dadadada

狐狸

bababa

羚羊

dadababa
橄欖球

dadaba
騎腳踏車

bum bum
網球

ball
籃球

badada
游泳

aua!
拳擊

baba
冰球

dadadada
美式足球

badada
羽毛球

dadababa
田徑

ball
手球

dadadada
滑雪

baba
馬球

baba
笑

dada
跳

bababa
擁抱

dada
走路

dadababa
唱

dadababa
做夢

dadadada
祈禱

mama!
親吻

dadaba
書寫

dada
畫

dadababa
展示

dada
推

badada
給

dadaba
拿

dadaba

有

dadadada

做

babadada

當

dadadada

站

baba

跑

dadababa

拉

dadadada

丟

dadaba

摔倒

badada

躺

dadaba

等待

bababa

攜帶

ba

坐

dadababa

穿衣

heia!

睡覺

bababa

醒來

babababa

看

baaaaaa

哭

dadadada

擊

bababa

梳頭

bababa

交談

baba

明白

badada

問

dadababa

聽

bababa

喝

nomnom!

吃

badada

清理

ba

愛

badada

做飯

dadababa

開車

dadadada

飛

dadababa

航行

dadababa

計算

dadadada

讀

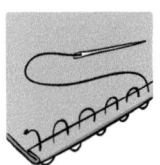

dadababa

學習

dadaba

工作

baba

結婚

dada

縫

aua!

刷牙

aua!

殺

dadababa

抽菸

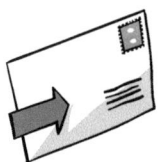

bababababa

寄

oma!
祖母

opa!
祖父

papa!
父親

mama!
母親

bebi
嬰兒

ba
女兒

badada
兒子

baba
客人

ba
阿姨

bababa
叔叔

nein!
兄弟

nein!
姐妹

bababa
前額

dada
眼睛

dada
臉

dadababa
下巴

da
乳房

bababa
肩膀

dada
手指

baba
手

dadaba
腿

babababa
手臂

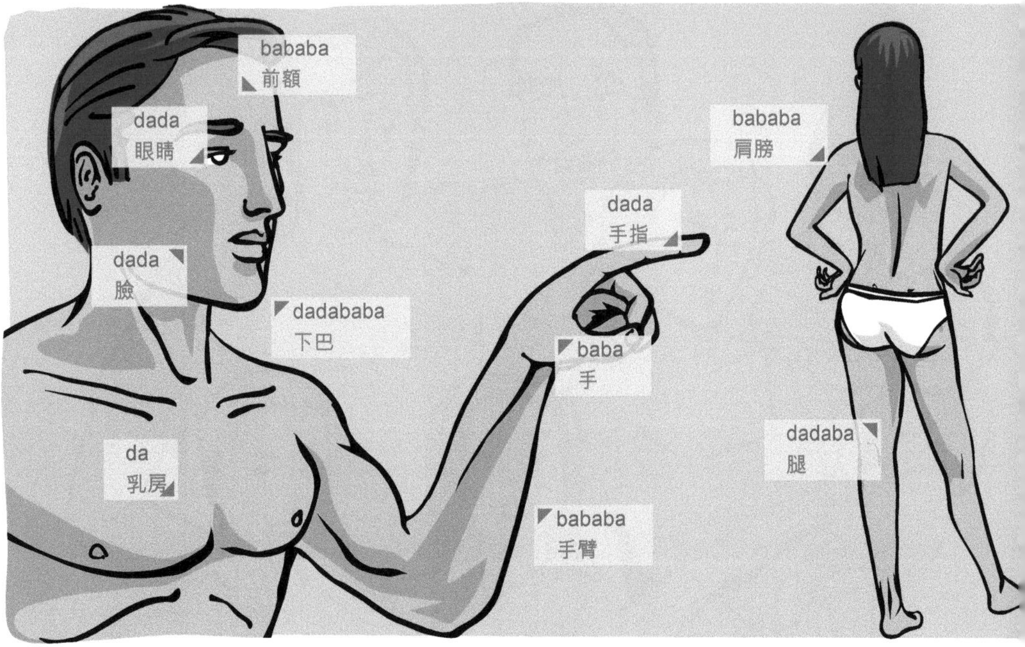

bebi

嬰兒

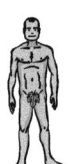

papa!

男人

mama

女人

baba

女孩

babadada

男孩

bababa

頭

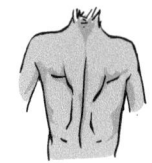

baba

背部

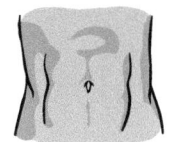

dadababa

肚子

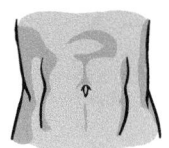

dada

肚臍

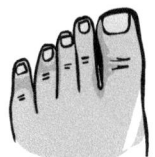

dadababa

腳趾

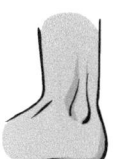

ba

腳後跟

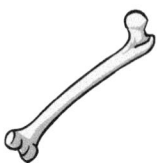

badada

骨頭

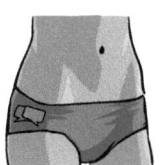

bababa

臀部

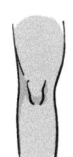

dada

膝蓋

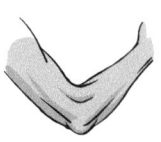

dadadada

手肘

bababa

鼻子

popo

屁股

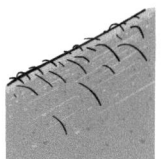

dadaba

皮膚

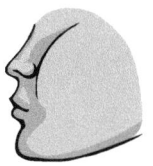

badada

臉頰

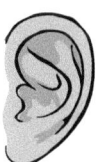

dada

耳朵

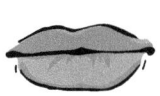

babababa

嘴唇

dadababa

嘴

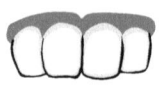

dadadada

牙齒

baba

舌頭

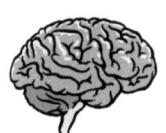

dadadada

腦

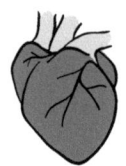

baba

心臟

dada

肌肉

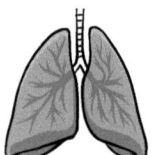

dada

肺

dada

肝臟

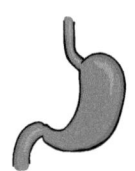

dadababa

胃

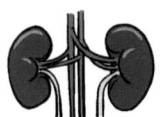

dadaba

腎臟

babadada

性交

dada

保險套

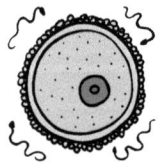

badada

卵子

dadababa

精子

dadababa

懷孕

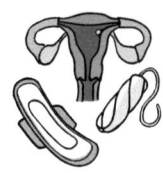

ba

月事

mumu

陰道

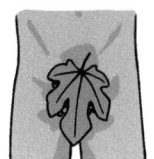

pipi

陰莖

dada

眉毛

dadababa

頭髮

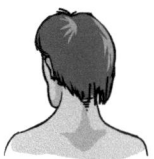

bababa

脖子

aua!
醫院

ba
急救車

aua!
輪椅

aua!
骨折

aua!

醫師

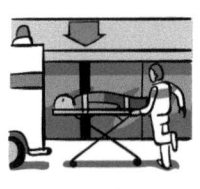

aua!

急診室

aua!

護理師

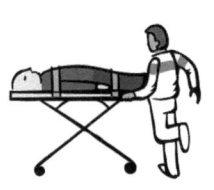

aua!

緊急情形

aua!

昏迷

dadababa

痛

aua!

受傷

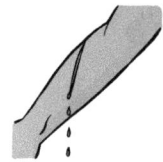

dadadada

出血

aua!

心臟病發作

aua!

中風

dadababa

過敏

aua!

咳嗽

aua!

發燒

aua!

流感

aua!

腹瀉

aua!

頭痛

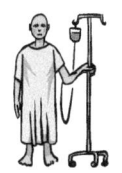

aua!

癌症

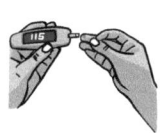

aua!

糖尿病

aua!

外科醫師

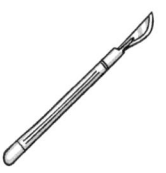

aua!

手術刀

aua!

手術

aua!

電腦斷層掃描

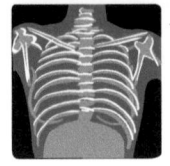

aua!

X光

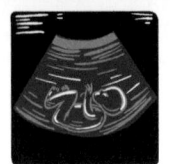

aua!

超音波

aua!

口罩

aua!

疾病

aua!

候診室

aua!

拐杖

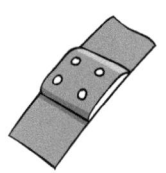

aua!

石膏

dadababa

繃帶

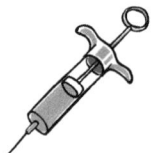

aua!

注射

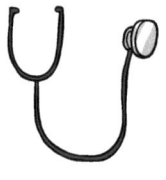

aua!

聽診器

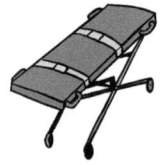

aua!

擔架

aua!

體溫計

aua! bebi!

出生

aua!

超重

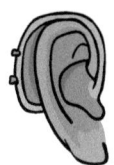

aua!

助聽器

aua!

消毒液

aua!

感染

aua!

病毒

aua!

愛滋病

aua!

藥物

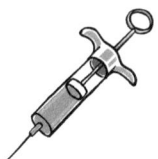

aua!

接種疫苗

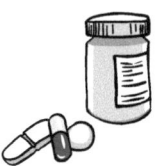

aua!

藥片

dadaba

藥丸

aua!

急救電話

aua!

血壓計

da / ba

生病/健康

aua!
....
警報

aua!
....
突擊

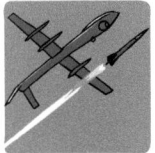

aua!
....
救命！

aua!
....
危險

dadadada
....
緊急出口

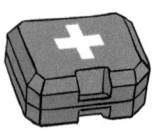

aua!
....
攻擊

dadaba
....
滅火器

aua! aua!
....
意外

dadaba
....
失火了！

aua!
....
急救箱

baba
....
呼救訊號

dadadada
....
員警

badada

歐洲

dadaba

北美洲

dadababa

南美洲

dadaba

非洲

dadaba

亞洲

bababababa

澳洲

badada

大西洋

dadaba

太平洋

baba

印度洋

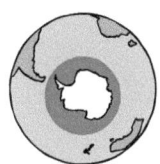

bababa

南冰洋

dadababa

北冰洋

bababa

北極

dadababa

南極

dadaba

南極洲

dada

地球

dadaba

陸地

badada

海

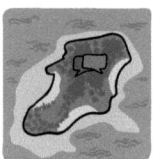

dadadada

島

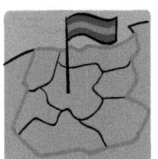

dadadada

國家

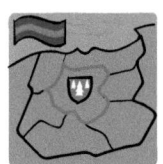

dadababa

州

baba

錶盤

babadada

時針

baba

分針

bababa

秒針

dadababa

現在幾點？

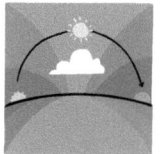

babadada

天

dada

時間

baba

現在

dadababa

電子錶

dadababa

分

bababa

時

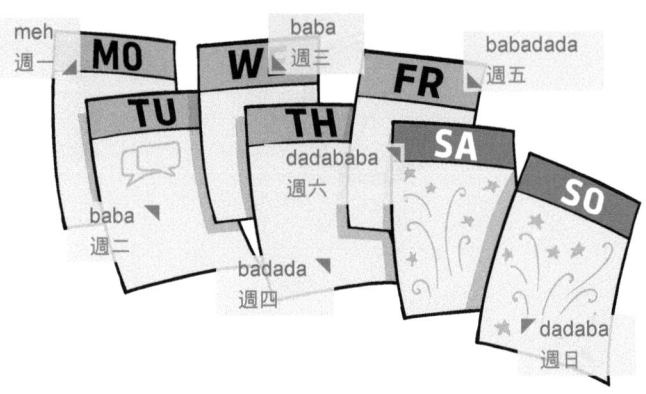

dadadada

昨天

dadababa

今天

dadaba

明天

baba

早晨

baba

中午

dadadada

晚上

dada

工作日

baba

週末

dadababa
▶雨

dadabada
▶彩虹

dadadada
▶風

kalt
雪

dadadada
▶春

badada
夏

bababa
▶秋

kalt
冬

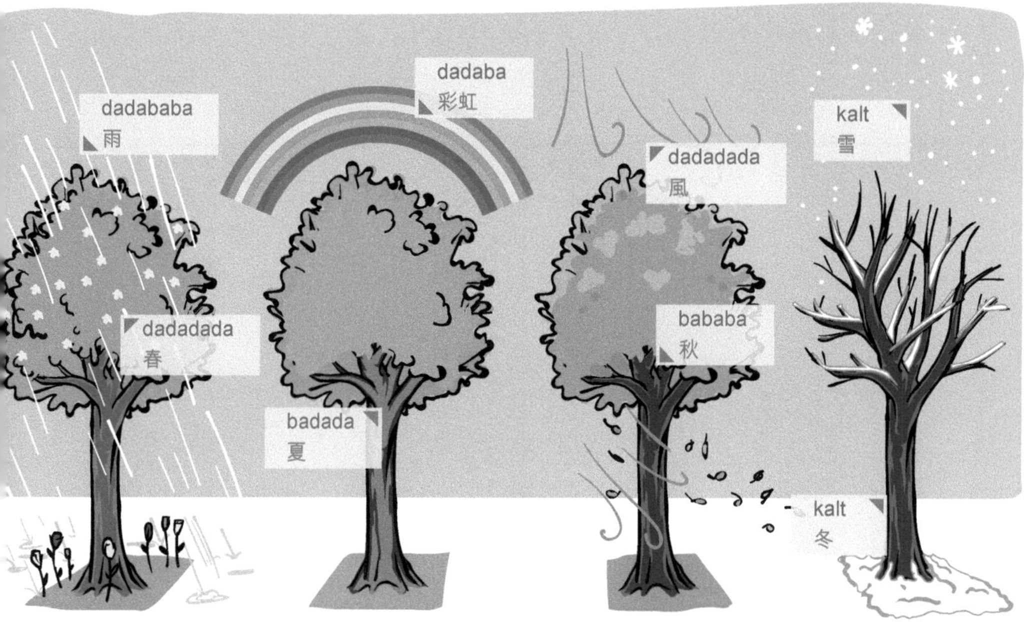

dadababa

天氣預告

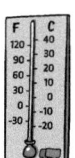

bababa

溫度計

ba

陽光

baba

雲

dadadada

霧

dada

潮濕

dadababa

閃電

dada

打雷

badada

風暴

dadababa

冰雹

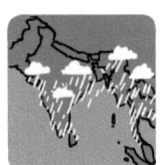

bababa

季風

dadaba

洪水

dadadada

冰

dadaba

一月

dadaba

二月

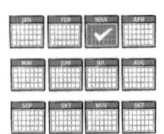

bababa

三月

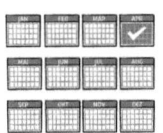

dadadada

四月

dadadada

五月

babababa

六月

baba

七月

bababa

八月

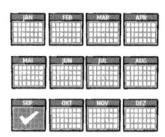

dadadada

九月

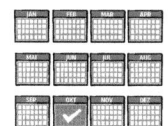

badada

十月

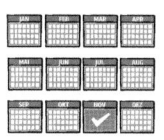

dadababa

十一月

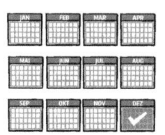

baba

十二月

baba

圓形

badada

正方形

dadababa

長方形

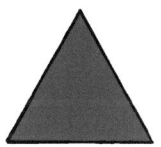

babababa

三角形

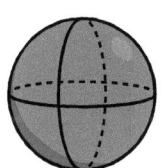

dadadada

球體

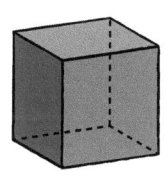

babababa

立方體

dadababa

白

babababa

黃

baba

橙

dadadada

粉

babadada

紅

dadababa

紫

dadadada

藍

ba

綠

baba

棕

bababa

灰

badada

黑

da / ba

很多/少許

da / ba

生氣/平靜

da / ba

美/醜

da / ba

首/尾

da / ba

大/小

da / ba

明/暗

da / ba

兄弟/姐妹

da / ba

乾淨/骯髒

da / bada

完整/缺失

da / ba

白天/晚上

da / ba

死/生

da / ba

寬/窄

da / ba

可食用/非食用

da / ba

邪惡/善良

ba / ba

興奮/無聊

da / ba

胖/瘦

ba / ba

第一/最後

da / bada

朋友/敵人

da / ba

滿/空

da / ba

硬/軟

da / ba

重/輕

da / bada

餓/渴

da / ba

生病/健康

da / ba

非法/合法

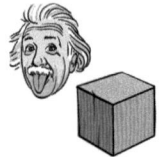

da / ba

聰明/愚笨

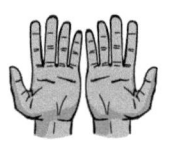

ba / ba

左/右

da / ba

近/遠

da / bada

新/舊

da / ba

沒有/有些

ba / ba

老/幼

da / ba

開/關

da / ba

打開/闔上

da / ba

安靜/吵鬧

ba / ba

富/窮

da / ba

對/錯

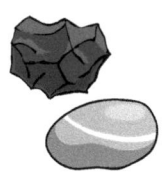

da / ba

粗糙/光滑

ba / ba

傷心/高興

da / ba

短/長

da / ba

慢/快

da / bada

濕/乾

da / bada

溫暖/涼爽

da / ba

戰爭/和平

數字

0

dada

零

1

a

一

2

ba

二

3

da ba da

三

4

badabada

四

5

dadababa

五

6

dadaba

六

7

badada

七

8

dadababa

八

9

dadaba

九

10

dadadada

十

11

badada

十一

12
baba
十二

13
bababa
十三

14
baba
十四

15
babadada
十五

16
dadababa
十六

17
babababa
十七

18
dadababa
十八

19
bababa
十九

20
dadababa
二十

100
baba
百

1.000
baba
千

1.000.000
dadababa
百萬

語言

baba

英語

babadada

美式英語

dadababa

普通話

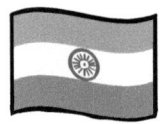

ba

印地語

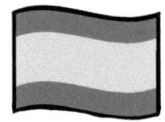

badada

西班牙語

ohlala

法語

babadada

阿拉伯語

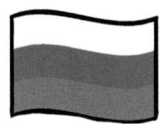

dadaba

俄語

dada

葡萄牙語

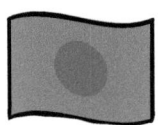

dadadada

孟加拉語

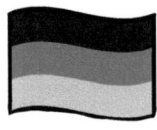

badada

德語

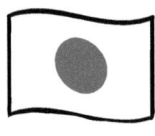

dadadada

日語

a

我

dadadada

你

da / da / da

他/她/它

o ba ma

我們

babababa

你們

baba

他們

dadadada

誰？

dadadada

什麼？

baba

如何？

babababa

何處？

babadada

何時？

dadaba

名字

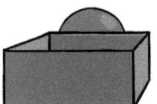

baba

後面

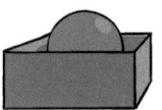

dadaba

裡面

baba

前面

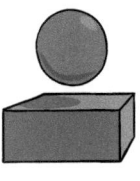

ba

上方

baba

上面

dadababa

下麵

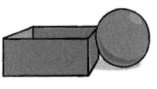

babababa

旁邊

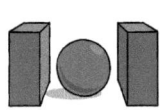

ba

中間

dada

地點